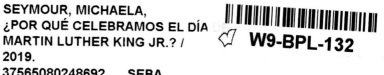

W9-BPL-132

CELEBREMOS LAS FIESTAS ESTADOUNIDENSES

¿Por qué celebramos EL DÍA DE MARTIN LUTHER KING JR.?

Michaela Seymour

Traducido por Ana María García

press.

New York

Published in 2019 by The Rosen Publishing Group, Inc.
29 East 21st Street, New York, NY 10010

First Edition

Translator: Ana María García
Editorial Director, Spanish: Nathalie Beullens-Maoui
Editor, Spanish: Rossana Zúñiga
Book Design: Reann Nye

Photo Credits: Cover Ariel Skelley/DigitalVision/Getty Images; p. 5 Atomazul/Shutterstock.com; p. 6 Howard Sochurek/The LIFE Picture Collection/Getty Images; p. 9 Stephen F. Somerstein/Archive Photos/Gety Images; p. 10, 14 William Lovelace/Hulton Archive/Getty Images; p. 13 AFP Contributor/AFP/Getty Images; p. 17 https://commons.wikimedia.org/wiki/File:Lyndon_Johnson_signing_Civil_Rights_Act,_July_2,_1964.jpg; p. 18 David McNew/Getty Images News/Getty Images; p. 21 Chip Somodevilla/Getty Images News/Getty Images; p. 23 Rawpixel.com/Shutterstock.com.

Cataloging-in-Publication Data

Names: Seymour, Michaela.
Title: ¿Por qué celebramos el Día de Martin Luther King Jr.? / Michaela Seymour.
Description: New York : PowerKids Press, 2019. | Series: Celebremos las fiestas estadounidenses | Includes index.
Identifiers: LCCN ISBN 9781538333051 (pbk.) | ISBN 9781538333044 (library bound) | ISBN 9781538333068 (6 pack)
Subjects: LCSH: King, Martin Luther Jr., 1929-1968–Juvenile literature. | Martin Luther King, Jr., Day–Juvenile literature.
Classification: LCC E185.97.K5 S49 2019 | DDC 394.261–dc23

Manufactured in the United States of America

CPSIA Compliance Information: Batch #CS18PK: For Further Information contact Rosen Publishing, New York, New York at 1-800-237-9932

CONTENIDO

Celebramos el Día de
Martin Luther King Jr.
el tercer lunes de enero.

Martin Luther King Jr. fue
un héroe estadounidense.
Vivió de 1929 a 1968.

Martin Luther King Jr. vivió
en un tiempo en donde
a los afroamericanos
no se les trataba igual que
a los estadounidenses blancos.

9

10

Las leyes separaban
a los blancos de los negros.
A esto se le llamó **segregación**.

Luther King realizó famosos **discursos**. Quería que todos los estadounidenses tuvieran los mismos derechos.

13

14

Luther King dirigió protestas y **marchas** pacíficas. Quería hacer que Estados Unidos fuera mejor para todos.

En 1964, el Congreso aprobó
la Ley de Derechos Civiles.
Esto hizo que la segregación
fuera ilegal.

NATIONAL
HOLIDAY

18

Los seguidores de Martin Luther King Jr. continúan trabajando para hacer que Estados Unidos sea un lugar mejor.

La gente continúa luchando por los mismos ideales por los que Martin Luther King Jr. luchó.

Los estadounidenses celebran a Luther King aprendiendo sobre su vida y su trabajo. Honran su memoria realizando voluntariados por una causa en la que creen.

Palabras que debes aprender

(la) marcha

(la) segregación

(el) discurso

Índice

Sitios de Internet

Debido a que los enlaces de Internet cambian constantemente, PowerKids Press ha desarrollado una lista en línea de sitios de Internet relacionados con el tema de este libro que se actualiza regularmente. Utiliza este enlace para acceder a la lista: www.powerkidslinks.com/ushol/mlkj